RÉFLEXIONS
SUR LA SITUATION
DE LA FRANCE,
DU MINISTÈRE
ET
DES CHAMBRES.

PARIS. — IMPRIMERIE DE CASIMIR,
Rue de la Vieille-Monnaie, n° 12.

RÉFLEXIONS
SUR LA SITUATION
DE LA FRANCE,
DU MINISTÈRE
ET
DES CHAMBRES;

PAR H. RUMILLY,
PROPRIÉTAIRE ÉLIGIBLE DU DÉPARTEMENT DE LA SOMME.

Prix : 1 franc.

PARIS.
DELAUNAY, LIBRAIRE,
PALAIS-ROYAL ;
ET CHEZ LES MARCHANDS DE NOUVEAUTÉS.

OCTOBRE 1830.

RÉFLEXIONS
SUR LA SITUATION
DE LA FRANCE,
DU MINISTÈRE
ET DES CHAMBRES.

Trois jours d'une immense révolution consommée par le courage et la résolution unanime des habitants de Paris, appuyée par les efforts généreux de tous les départements, ont soudainement replacé la France à la tête de tous les peuples dans la carrière de la civilisation. Tous les États de l'Europe s'ébranlent à la seule nouvelle de ce prodigieux changement, et le monde entier ressent ce mouvement merveilleux. Mais la rapidité même de ce grand événement nous a emportés, sans que nous nous doutions les uns et les autres de toute la distance de l'espace qui a fui derrière nous; et semblables à l'enfant dont l'œil n'est pas encore accoutumé à calculer l'éloignement, nous nous imaginons toucher encore ce qui est déjà loin de notre portée. Transportés tout à coup dans une sphère nouvelle, nous y conservons les habitudes, les routines de l'ancien monde où nous vivions, et n'ayant plus de guide, nous nous effrayons de ne pas trouver la route qui doit mener au terme du voyage. D'accord sur le but, et même sur la plupart des moyens, nous différons sur l'opportunité de l'occasion et l'importance du temps, sur les effets de l'inertie et les résultats de l'application. Le grand, le majestueux mouvement des idées et de la société, révélé au monde par la révolution de 1830, n'est pas compris de la même manière par toutes les intelligences. Ceux-ci n'y voient qu'un changement de dynastie et de ministère, ceux-là le triomphe de la liberté contre le pouvoir absolu; les uns le retour à notre antique gloire nationale et à notre vieux drapeau, les autres le développement du commerce et de l'industrie. Ici, tremblant à l'idée, au souvenir de la révolution de 89, on se borne à la nécessité de quelques améliorations à la Charte de 1814. Là, fier du présent et de l'instruction acquise, on demande l'harmonie de toutes nos lois politiques avec les mœurs et les idées de 1830. Notre glorieuse révolution, ainsi considérée sur une seule face, domine toutes nos idées par sa hauteur; et semblable à la pyramide qui plane sur un horizon de sable, nous essayons dans notre petitesse à la mesurer à notre taille. Étendons nos regards, et en cherchant des points de comparaison et de départ, nous trouverons peut-être alors et la mesure de sa base et la hauteur de son élévation.

La révolution de 89 avait tout à détruire avant de créer. Tout fut détruit d'abord par l'enthousiasme, ensuite par la nécessité : les furieux efforts de ceux qui voulurent reprendre ce qu'ils avaient abandonné amenèrent une résistance furieuse. La force de résistance fut proportionnée à l'effort, et le dépassa. L'ignorance, le défaut d'expérience égarèrent le noble amour de la patrie. La gloire se réfugia dans les camps. La gloire en tira un jeune héros, qui rétablit l'ordre, fonda l'empire, étendit partout la domination de la France avec la sienne, et finit par succomber plutôt par le sentiment d'inertie et de lassitude de la France, que par le poids de l'Europe entière. Les Bourbons revinrent de leur exil; on les croyait changés, ils furent les mêmes : chassés une seconde fois par leurs fautes et par l'ascendant du grand homme qui entraînait notre destinée, ils furent ramenés une troisième fois par la force des baïonnettes. Le peuple, attaché à l'indépendance nationale, parce qu'il touche toujours au sol de la patrie, ne sépara point le retour des Bourbons de l'invasion étrangère; et le peuple a montré que sa mémoire était fidèle à 1815. Les classes moyennes voulurent faire un accommodement, et voiler l'humiliation de la France. Mais la Charte, concédée de droit divin, restée une simple déclaration de droits indéfinis, ne fut qu'un arsenal pour le pouvoir, et la source du budget d'un milliard. L'administration, les lois de l'empire restèrent.

Pendant quinze années de lutte entre un gouvernement et une nation qui tendait, malgré les efforts et les folies du pouvoir, à accroître sa prospérité, son industrie, à développer son éducation, ses lumières, la France, dans l'ombre et le silence, concentrée sur elle-même, a grandi même à son insu. Cette longue lutte du pouvoir absolu contre la liberté a profité à tous en éclairant chacun sur ses droits et ses devoirs. Les menaces, les défis, les tiraillements continuels de la patience d'un peuple jadis si impatient, ont augmenté la masse de la résistance à l'oppression; et le 27 juillet n'a pas été seulement un jour de lutte contre l'insolence d'un pouvoir ivre et sanglant, mais le dernier jour de quinze années de souffrances, mais le terme marqué par la loi de la nécessité pour révéler enfin l'unanimité de sentiments de la nation, son courage, ses besoins, son instruction et sa sagesse.

Ainsi il n'y a pas seulement, entre la révolution de 89 et celle de 1830, un espace de plus de quarante années, il y a l'expérience de 93 et son souvenir pour ceux qui ont ressenti ses effets sur leur personne, leur fortune, leur famille; il y a pour ceux qui sont plus jeunes, ou les impressions de famille, ou l'instruction de l'histoire qui nous présente la tête de Méduse sur son bouclier. En 89, tout était à détruire, droits féodaux, agglomérations de propriétés, inégalité d'impôt, priviléges. Avant 1814, l'égalité d'impôt, la division des propriétés, la liberté d'industrie, la participation de tous aux emplois, étaient des droits que les deux restaurations, malgré leurs sourdes attaques, ne pouvaient ébranler. En 1830, ces droits acquis et conservés servent d'appui à notre nouvelle révolution. De nouveaux besoins, de nouveaux intérêts, de nouvelles mœurs se sont formés dans l'espace des quarante années de la république, de l'empire et de la restauration. Et comme un peuple ne fait pas de révolution pour des opinions, mais pour des intérêts, ce sont de nouveaux intérêts et non pas les idées de 89 déjà vieillies par le temps qui ont enfanté la révolution de 1830. Tout révèle le caractère, la position différente et les idées toutes contraires de la nation. L'enthousiasme de 89 ne connaissait ni bornes ni limites au bien : le sacrifice le plus complet de sa fortune, de sa personne enflammait toutes les imaginations. Se confiant aveuglément dans l'avenir, on ne craignait ni les discordes civiles, ni la guerre étrangère; on ne redoutait que le despotisme ; on ne pensait qu'à la perfection de la liberté; et la forme de la constitution politique, et le beau idéal des théories, et les dissertations des clubs, fréquentés alors par les grands orateurs, absorbaient tous les esprits. Que les temps sont changés! Aujourd'hui le sang-froid, la modération, le calme qui régnaient même dans le combat de juillet, dominent partout. On craint l'ardeur du zèle pour la liberté qu'on vient de conquérir. On redoute la chaleur de la jeunesse, emportée vers le beau idéal; on tremble de s'éloigner trop du point d'où l'on est parti. On frémit à l'idée et aux souvenirs d'un temps qui saisit toutes les imaginations. On resserre ses capitaux ; on calcule toutes les chances même impossibles de l'avenir. On demande au pouvoir non pas d'être faible, mais d'être fort; on l'invite à gouverner. On s'inquiète peu des formes de la constitution, pour s'attacher au fond et au positif. On manifeste son aversion pour les clubs et les théories; et comme les braves couverts de cicatrices et trempés par le feu ont un certain orgueil à dire qu'un jour ils ont senti un peu de crainte, on peut dire que le peuple le plus brave, le plus intrépide contre tous les défis qu'on pourrait lui porter, dans l'exaltation de sa raison, de sa sagesse et de sa modération, a un peu peur de lui-même.

Telle est l'immensité de la distance des époques, des intérêts, des mœurs de deux temps si mémorables de notre histoire. Revenant donc, avec plus de confiance en nous-mêmes, au point où nous nous trouvons placés aujourd'hui, méditons les résultats de la grande semaine.

Le pouvoir absolu a déclaré la guerre à la nation : la guerre a décidé en trois jours. La volonté unanime a détruit sans retour le prestige, et le fait de la souveraineté du peuple a été mis à la place de la théorie du droit divin.

Le drapeau glorieux aux trois couleurs porté par le peuple au milieu de la mitraille, et plus significatif que le cri de *vive la Charte*, annonçait la haine pour l'invasion étrangère et les restaurations. Guidant les défenseurs de la liberté, ce vieux drapeau rajeunit tous les souvenirs de nos immortelles victoires ; il est le signe d'une patrie et de la gloire, le symbole d'une république sous la monarchie.

La déchéance d'une branche de famille souveraine, l'élévation et le choix de l'autre branche, la convention établie avec un roi, ont coupé dans sa racine toute la théorie du droit divin. La couronne est devenue une création de la loi, et le trône une portion intégrante, non plus la source et le principe de la constitution. Cette monarchie est *la meilleure des républiques*.

Ainsi ce grand changement a des points de ressemblance avec celui de 1688 en Angleterre; les Bourbons commirent les mêmes fautes que les Stuarts; leur destinée fut la même : nous avons vu la première révolution comme sous Charles Ier, la seconde comme sous Jacques II; nous avons eu la république comme eux, mais la gloire de l'empire et la grandeur de Napoléon surpassent tout l'intervalle de leur histoire entre leurs deux restaurations; et près de cent cinquante ans de civilisation depuis l'avénement de Guillaume III ont profité à tous les peuples. Ainsi la monarchie républicaine des Anglais a tourné au profit des intérêts aristocratiques d'après les lois féodales qui régissent la propriété et la concentrent; et notre monarchie républicaine doit profiter aux intérêts démocratiques, nos mœurs et nos lois civiles établissant la division des propriétés.

Une partie de la Charte de la restauration a été conservée, une partie modifiée sous le titre de déclaration de droits et de convention, et son origine ne date plus du temps des concessions. Mais toutes les lois de l'empire conservées par la restauration, développées dans l'intérêt d'un pouvoir qui n'est plus, tout le système d'administration renforcé pendant les quinze dernières années, toute la composition de la magistrature organisée d'après les défiances du pouvoir détruit, subsistent au milieu de nous, et ce vaste réseau tendu sur tous nos pas, en entravant la marche des citoyens, embarrasse un gouvernement dont toute la force est dans les armes nouvelles que la liberté lui met entre les mains.

L'habitude a tant d'empire sur toutes nos actions, que par une pente insensible nous nous laissons aller à de vieux préjugés, à de vieilles coutumes, à d'anciennes idées de la république, de l'empire et de la restauration. Nous imitons les formes des choses qui n'existent plus au milieu d'hommes tout différents. Ainsi quelques jeunes gens, épris d'un ardent amour pour la patrie, imaginent un club à l'imitation des premiers temps de 89; et ils ne songent pas que cette pâle copie d'une époque de feu et d'enthousiasme ne peut plus convenir à une époque de raison; que cette arme n'est plus celle de la liberté, et qu'elle a pris la presse comme la meilleure; la presse qui, semblable à la vapeur dirigée par d'habiles mains, enfante des prodiges. Ainsi d'autres redoutent l'élection, fille de la liberté moderne, et sans être instruits par l'exemple d'un état voisin, ils voudraient qu'à l'imitation de l'empire et de la restauration, l'administration nous épargnât la peine de veiller à nos affaires. La plupart, ne comprenant pas tout le ressort d'un gouvernement où l'intérêt du peuple et du roi se réunit pour la conservation du pacte juré, où le nœud le plus fort lie les différentes parties de la constitution, n'imaginent d'autre système de gouverner que celui d'inertie, d'inaction ou de despotisme impérial, oubliant que les républiques elles-mêmes eurent dans tous les temps une force d'action d'autant plus énergique qu'elle est le résultat de l'impulsion des masses.

Au milieu de cette confusion d'idées s'élève la raison publique, qui peu à peu dissipera les préjugés répandus encore sur notre atmosphère politique. Un vif amour de la patrie, un attachement sincère pour le prince, promettent à la France un noble avenir, et nos yeux peuvent déjà se tourner vers le point où le soleil levant d'une liberté nouvelle doit arriver en versant des torrents de lumière jusque sur ses plus obscurs blasphémateurs.

Heureuse la France d'avoir à sa tête un grand citoyen dont la destinée est aujourd'hui irrévocablement liée à la sienne, contre lequel toute attaque est une attaque contre la liberté. Notre roi est celui de tous les citoyens qui a le mieux compris toutes les conséquences de la révolution. Il a trouvé la couronne renversée dans nos rues par les fautes d'un despotisme stupide; il a compris que le faste ni la pompe n'ajouteraient rien à un morceau de métal sans prestige ni vertu. C'est tout l'homme qu'il nous montre, ce sont toutes ses pensées, toutes ses vertus; c'est toute sa famille qu'il nous fait connaître, c'est là sa cour, et celle-là en vaut bien une autre. Ses gardes à lui, c'est tout un peuple qui l'escorte de son amour, et qui, peu habitué encore à voir son prince partager ses sentiments, ses plaisirs, dans son ivresse en croit à peine ses yeux, et après l'avoir vu, veut le revoir encore. Il a compris qu'il était le chef héréditaire d'une république nouvelle, et que le cri de *vive le roi* était aussi celui de *vive la liberté*. Tous ceux qui sont venus lui exprimer les vœux de la France ne s'en retourneront pas avec le souvenir de la vaine formalité d'une députation et des compliments d'usage, mais avec la mémoire de ce qu'ils ont vu, de l'intérieur, de la famille du roi, de ses actions en harmonie avec ses paroles ; et jusqu'au moindre hameau connaîtra la vérité. Ses enfants, l'héritier présomptif de la couronne, notre roi veut qu'ils soient des citoyens comme nous. Tout cela renverse les idées des chambellans de l'empire et de la restauration. Pour nous, c'est une nouveauté, mais c'en est une que nous aimons. Un prince être homme ! un prince avoir des camarades ! un prince être canonnier ! Avant le duc de Chartres, on n'avait pas encore vu de prince au collége. Le duc d'Orléans a profité de l'instruction, et du collége et de la révolution. Ainsi le roi multiplie les liens qui l'attachent à la France, et si c'est une nouveauté pour nous, ce n'en est pas une pour lui. A Jemmapes, dans l'exil, il a su être homme ; il a su noblement supporter l'adversité, donner des leçons : plût à Dieu que bien des gens eussent été à son école !

Du Ministère.

Voyons si le ministère a compris les conséquences de la révolution aussi bien que le roi.

La nécessité d'organiser la défense de Paris donna naissance à une commission municipale; le besoin de régulariser l'administration du nouvel ordre de choses enfanta le ministère actuel sous le nom de commissaires provisoires. Ce fut dans les salles de l'hôtel de ville, encore fumant des feux et du carnage de la veille, que furent improvisés les choix des commissaires qui forment aujourd'hui la majeure partie du ministère actuel. Les ministres sans porte-feuille ont, depuis l'établissement du pouvoir royal, fait partie du conseil. Ainsi le choix de la majeure partie des ministres actuels à porte-feuille a été improvisé, et le roi n'a fait que confirmer la désignation des commissaires provisoires. On prit, dans ce moment de trouble qui accompagne tous les grands événements, les hommes qui se trouvaient à

Paris, et dont les noms avaient pu avoir de la célébrité sous la restauration.

La condition de vie, d'existence pour un ministère, c'est la similitude de vues politiques parmi ses membres, c'est l'unité d'action vers le même but entre les dépositaires du pouvoir. Il faut que le pouvoir, dans tous les temps, soit d'accord avec lui-même; mais c'est surtout à la suite d'une immense révolution que cet accord est nécessaire : la contradiction dans la marche, l'incertitude même, est alors funeste; la confiance est, dans de pareils moments, le premier besoin à satisfaire; et la défiance, le pire de tous les maux.

La principale condition du ministère nous paraît donc manquée par l'idée générale de son existence éphémère. Qui ne sait que depuis sa formation la division existe dans le conseil sur presque toutes les questions qui sont examinées à loisir? Que serait-ce donc s'il en naissait à l'improviste? Qui ne sait que par suite de cette division le ministère a dix fois été près de se dissoudre? Cependant il s'agit d'édifier, de construire au plus vite, et tout le temps se passe en accommodements, raccommodements, plâtrages et replâtrages! Chaque jour le ministère annonce qu'il va se mettre à l'ouvrage, et cet ouvrage est celui de Pénélope.

Il faut bien le dire à la France et au roi, parce que tous deux veulent la consolidation du nouvel ordre de choses : il n'y a rien qui puisse tromper davantage la France et l'Europe sur notre position que l'incertitude du ministère. Car cette incertitude, qui existe seulement dans le conseil, est présentée par la malveillance comme existant dans le nouvel ordre de choses; et, quoique tout le monde se rie et des illusions et des paris, et des vœux de gens incorrigibles, cette indécision, cette incertitude produit une inquiétude vague et augmente la souffrance du pays qui a souffert si patiemment et depuis si long-temps. Dans cet état de malaise, chacun ne sait à qui s'en prendre, à ses amis ou à ses ennemis; et depuis deux mois le ministère nous tient dans cette fausse position.

Le temps s'écoule, et ce temps si précieux s'enfuit sans retour; que dirait-on d'un pilote qui, remettant de jour en jour le départ du navire, lorsque le vent est bon, attend pour mettre à la voile que les vents soient contraires? Passerait-il pour habile et pour prudent? Les affaires ne s'améliorent pas en les ajournant. Les embarras viennent à la file en restant en panne; et n'aborder jamais les difficultés, c'est renouveler la fable du paysan qui attend pour la passer que la rivière ait cessé de couler.

Toutes ces idées germent dans toutes les têtes, à Paris et dans les départements; les journaux en sont pleins. Chacun attend que l'éclair sorte du nuage. Mais il était réservé à l'humble pétition des commissaires-priseurs de Valenciennes de faire jaillir l'étincelle qui peut jeter quelque lueur sur la position fausse du moment et sur l'inquiétude et le malaise de la France?

Résumons donc le débat qui s'est élevé entre le ministère et ceux qui pensent que la force d'inertie est funeste, et que c'est par cette force d'inertie que les révolutions les plus heureuses avortent dans leurs résultats. A défaut d'actes complets, généraux, qui puissent fixer les idées, nous trouverons peut-être dans le langage du ministère, en cette circonstance, le point de vue sous lequel il envisage la révolution et la manière dont il la comprend.

Ceux qui reprochaient au ministère son inaction lui disaient : « La révolution ne s'est faite si vite et si unanimement que parce que tous les besoins, tous les intérêts du peuple étaient méconnus et insultés. Le résultat nécessaire, immédiat de la révolution, est la satisfaction de ces mêmes besoins et de ces mêmes intérêts. La patience de la nation pendant quinze années a touché à son terme le 26 juillet; l'explosion a eu lieu par la nécessité, et les armes n'ont été prises que pour conquérir un gouvernement libre et conforme aux besoins de la nation. Le pouvoir populaire, consacré par la victoire, a été déposé entre les mains des ministres : Qu'en ont-ils fait?

« Ce n'est pas un changement de personnes, ce n'est pas un déplacement de fonctionnaires publics, c'est le changement des choses, c'est le renversement d'un système en guerre avec notre civilisation, c'est la satisfaction des besoins généraux que demande la France. Le changement des fonctionnaires n'est que le moyen et non le but. Et comment le ministère a-t-il exécuté ce moyen? L'un, M. le ministre des finances, n'a changé aucun des ressorts de son administration, en sorte que l'administration Villèle reste toute montée. L'autre, M. le ministre de l'intérieur, a adopté le mode de changement le plus favorable à l'intrigue. Presque tous les départements se plaignent des choix que les sollicitations ont obtenus. Il fallait envoyer des commissaires qui auraient assemblé et consulté les habitants les plus notables dans chaque département. Un troisième ministre a compris tout différemment notre position; mais, enfermé dans le cercle que les modifications à la Charte de 1814 lui ont tracé, tout ce qu'il peut faire c'est d'établir une lutte entre les membres des parquets et ceux de la magistrature de Charles X. M. le ministre de la guerre organise-t-il notre armée? La France ne craint pas la guerre sans la désirer, mais le moyen de l'éviter, c'est de s'y préparer.

« Partout les besoins les plus pressants réclament l'action du ministère, et il reste inerte: cependant c'est sur lui qu'il faut compter pour veiller à nos embarras et à nos dangers s'il y en a. Certes, si on veut appeler opposition la demande, les conseils que nous lui donnons, jamais on ne vit une opposition plus bénigne. Nous lui demandons de gouverner, de ne pas rester immobile et paralytique au milieu du mouvement universel.

« Cependant partout règne le sentiment, le désir de l'ordre, et l'honneur n'en appartient pas au ministère qui n'a rien fait pour lui, mais à la raison publique, au glorieux mouvement de la révolution. Le ministère, par son inaction, compromet cette position admirable de la France; par ses fausses démarches, il crée des embarras et des dangers.

« Ainsi les ministres devaient prévenir les besoins de la France, diriger le mouvement des esprits, rassurer le commerce et l'industrie sur l'avenir; et la France s'offrait toute nouvelle à leurs mains. Mais qu'ont-ils fait? Ils ont eux-mêmes semé l'inquiétude en donnant de l'importance à des réunions qu'une jeunesse trop ardente peut-être avait formées à la suite de la révolution. Ou le ministère croit ces réunions illégales ou légales : si elles sont illégales, c'était à lui à faire exécuter les lois; et, comme ces lois de l'empire ne sont pas en conformité avec notre nouvel ordre de choses, il fallait présenter un projet de loi nouveau sur les associations. Mais au lieu de suivre une marche quelconque, le ministère n'en a pas plus tenu en cette circonstance que dans toutes les autres; il a semé l'alarme : les citoyens se sont effrayés, et l'on a vu, par suite de cette confusion que maintient le ministère, les postes de la garde nationale prendre les armes, rendre les honneurs militaires aux rassemblements de jeunes gens que d'autres postes de garde nationale ont fait sortir du local de leurs réunions.

« Le ministère, pour satisfaire aux besoins de la France, n'a imaginé encore qu'une loi électorale transitoire qui laisse indéterminé le point le plus important, et une loi sur les subsistances.

« Pour le commerce, la loi qu'il présente paraît à la chambre même tout-à-fait insuffisante.

Pour l'emploi des ouvriers, une mesure partielle comme celle de cinq millions prêtés à la ville de Paris est démontrée sans résultat. C'est une impulsion générale à de grands travaux qui peut tirer les classes ouvrières de leur état de malaise. Et cette impulsion ne peut partir que du ministère et de la confiance qu'il inspirera. »

La défense du ministère a été présentée dans la séance du 30 septembre, principalement par l'organe de deux ministres sans porte-feuille, en présence de leurs collègues qui ont gardé le silence.

Mais dans une séance précédente, celle du 25 septembre, où la pétition des commissaires-priseurs de Valenciennes a joué un si grand rôle en amenant l'improvisation de M. le ministre de l'intérieur sur les sociétés populaires, et par contre-coup l'attaque contre la marche du ministère, dans la séance du 25 septembre, M. le ministre de l'intérieur a indiqué en termes un peu enveloppés, mais dont on peut cependant bien saisir le sens, la manière dont il entendait la révolution. Ainsi il a dit : *Nous aimons le progrès, nous désirons le mouvement progressif; mais le désordre n'est pas le mouvement, le trouble n'est pas le progrès, l'état révolutionnaire n'est pas l'état ascendant de la société.* (JOURNAL DES DÉBATS, du 26 septembre.) *Il y a quinze ans nous n'avions pas de libertés. Pourquoi en avons-nous conquis en dernier lieu? parce que la réforme avait été long-temps à s'élaborer, qu'elle avait rencontré des dangers, des obstacles, parce qu'on avait vécu en présence d'un pouvoir tour à tour perfide ou oppresseur. Nous avons appris la patience, la persévérance, et au bout de quinze ans nous avons conquis plus de liberté qu'en aucun temps un siècle n'en a produit. Ne perdons pas l'habitude des réformes de ce genre, ne prétendons pas emporter tout en un jour.*

Nous ferons observer que nous partageons les idées de l'illégalité de ces réunions avec M. le ministre de l'intérieur. Ainsi ce n'est pas sur cette illégalité que nos observations porteront; nous nous sommes déjà expliqué à cet égard. Nous insisterons seulement tout à l'heure sur l'idée de l'état de progrès, et sur le mouvement progressif que désire M. Guizot, idée qui domine dans tout son discours et qu'il a répétée cinq à six fois. Nous ferons remarquer également que M. le ministre de l'intérieur a présenté comme une des principales causes de troubles, en France, cette société populaire, et de plus comme source des appréhensions de l'Europe à notre égard.

Voyons la défense du ministère, présentée principalement par l'organe de deux ministres sans porte-feuille, en présence de leurs collègues qui ont gardé le plus profond silence ; et ce n'est pas une des moindres singularités de cette séance, que d'avoir vu deux ministres délibérant seulement, venir défendre les ministres agissants. On pourrait l'expliquer toutefois, en disant que ceux qui délibèrent agissent tout autant que les autres, attendu que le ministère n'agit pas du tout.

« La révolution de 1830, ont dit les deux ministres, n'a pas été faite pour soulever l'État jusque dans ses derniers fondements, mais pour conserver les bienfaits de 89. Nous ne voyons pas, nous ne devons pas voir dans notre glorieuse révolution, une usurpation qui amène avec elle des intérêts tout-à-fait nouveaux ; ce qui devait être détruit l'a été dans les trois jours de gloire, et si complétement qu'une fois le changement de dynastie consommé, les combattants sont retournés de la victoire au travail, et tous les vœux se sont tournés vers la Chambre pour lui demander des institutions. Le cri des combattants était celui de *vive la Charte!* et sans se borner aux dispositions de cette Charte, il faut s'y rattacher. Si l'un des ministres, celui de la justice, a fait plus que ses collègues, c'était l'avantage et la loi de sa position. La question de la magistrature ayant été résolue par la Charte nouvelle dans un sens contraire aux vues des premiers interprètes du mouvement, il a fallu chercher dans le renouvellement presque total des parquets un contre-poids à l'inamovibilité. Un autre ministre est accusé de choix précipités, ces choix seront rectifiés. Un troisième, celui des finances, n'a point fait de déplacements, parce qu'il n'était pas facile d'en faire dans cette partie.

« Un seul point reste à régler pour la loi électorale, c'est le sens électoral et celui d'éligibilité, et c'est parce qu'il n'y a plus que ce point qu'on y insiste exclusivement, comme si toute la loi, toutes les garanties étaient seulement dans cette question.

« L'armée s'organise, et si la guerre venait nous surprendre, la France se lèverait en masse pour repousser toute agression.

« On s'est plaint de l'inexécution des lois; mais quel acte arbitraire pourrait-on citer? Si le gouvernement a usé de condescendance envers les clubs, ne l'accusez pas d'irrésolution; peut-être a-t-il montré beaucoup d'habileté. C'est la population elle-même qui s'est agitée, qui a vu de l'importunité dans ces réunions. C'est Paris qui a fermé les clubs, et lorsque la garde nationale est intervenue, elle avait puisé sa mission uniquement dans son amour pour l'ordre et la tranquillité publiques. On a parlé des dangers des partisans de la république, a dit un des ministres; quant à moi je pense qu'il y a fort peu de péril à craindre lorsqu'on saisit un républicain et qu'on trouve dans sa poche une pétition afin d'être préfet; cela prouve bien clairement qu'on ne veut pas changer le gouvernement, mais seulement profiter le plus possible de la situation nouvelle; on ne veut rien renverser, mais seulement prendre position soi-même. Assurément il y a peu à craindre de la société qui prêche la communauté de biens, surtout lorsqu'il y a peut-être une mise bien légère de la part des associés.

« Quant aux industries particulières, le gouvernement n'a d'autre moyen de les favoriser qu'en protégeant les intérêts généraux ; il y consacrera tous ses soins. Et quant aux améliorations matérielles, telles que des routes, des canaux, des desséchements, nous n'avons pas de fonds votés pour les employer à cet usage. En résumé, nous acceptons un reproche, celui de n'avoir peut-être pas saisi assez tôt l'autorité nécessaire pour prévenir des incertitudes. Toutefois il en est résulté un bien, c'est que le besoin de cette autorité s'est fait sentir à tout le monde, et le pouvoir que nous n'avions pas pris est venu se donner de lui-même. »

Tel a été le langage du ministère : et nous devons faire remarquer que, dans cette séance du 30 septembre, c'est-à-dire quatre jours après celle où M. le ministre de l'intérieur venait de présenter cette société populaire comme une des principales causes de troubles en France, et comme source des appréhensions de l'Europe à notre égard, l'un des deux ministres, qui portait la parole avec l'esprit et les talents qu'on lui connaît, fit partager son hilarité à toute la Chambre à plusieurs reprises sur les craintes que pouvaient inspirer les prétendus républicains, et son hilarité à cet égard est fort raisonnable.

Le résultat de cette séance, où les ministres et leurs adversaires, députés du côté gauche, ont été mutuellement fort polis, a été de laisser les choses dans la même position qu'auparavant ou à peu près : chacun du reste, comme il arrive dans un combat douteux, s'est attribué la victoire. Mais ces deux séances ont pu du moins indiquer la manière dont le ministère comprenait la révolution ; et la séance du 4 octobre a pu ajouter quelques traits à cette position indécise. Voici ce que disait M. le ministre de l'intérieur : « Le gouvernement

« n'abandonne pas l'article 291 du Code pénal;
« il s'en réserve l'usage pour le cas où son ap-
« plication serait rendue nécessaire par des
« réunions tumultueuses qui jetteraient le trou-
« ble au sein de la population. Cet article 291
« est vicieux ; il doit être tôt ou tard réformé.
« Mais quant à l'opportunité d'une réforme
« immédiate, je n'hésite pas à me prononcer
« pour la négative. » Et là-dessus un député a fait remarquer que ces paroles n'avaient pas besoin de commentaire, et qu'il était difficile de ne pas y voir le vieux système d'arbitraire de la restauration.

Il résulte de ces diverses paroles des ministres, car à défaut d'actions il faut bien s'y attacher, qu'ils comprennent la révolution ainsi :

La réforme a été long-temps à s'élaborer; la France a appris la patience, la persévérance; ne perdons pas l'habitude des réformes de ce genre; ne nous pressons donc pas : nous aimons le progrès, nous désirons le mouvement progressif; nous suivrons l'état ascendant de la société. Ce qui devait être détruit l'a été dans les trois jours de la grande semaine. Il faut se rattacher à la Charte de 1814 et à son esprit, puisqu'une partie subsiste en 1830. Quant aux lois de l'empire, elles seront conservées encore et appliquées suivant l'occasion. La révolution a eu pour but le progrès, le mouvement progressif, et l'état ascendant de la société.

Cette défense, ces explications, ce système de M. le ministre de l'intérieur, comparés avec le projet de loi et l'exposé des motifs, présentés par M. le baron Louis sur les boissons, m'ont laissé, je l'avoue, la pénible conviction qu'une partie du ministère ne comprenait pas la révolution de 1830.

En effet, les quarante années de vicissitudes par lesquelles la France a passé ont été l'école où sa civilisation a fait *des progrès*, et le *mouvement progressif* depuis quinze années s'est opéré jusqu'au moment où l'événement de la grande semaine a révélé *tout l'état ascendant* de l'éducation, de la modération, de l'ordre, en même temps que les besoins de la France. Ainsi la nation a toujours été en avant, tandis que sa législation et son administration ont été toujours en arrière.

Le *progrès* reste donc à faire pour ses législateurs et ses administrateurs; c'est à eux à se mettre en harmonie avec les besoins pressants d'une civilisation toujours croissante; mais la nation ne peut pas reculer au point d'où elle est partie.

Ainsi corriger cette fiscalité qui nous enveloppe de ses longs bras, réduire nos dépenses dans la même proportion, établir des lois organiques pour toutes les institutions politiques, dont nous n'avons encore que le germe, voilà des besoins d'urgence qui ne demandent aucun délai ni aucun ajournement.

Ainsi prendre pour base de cette législation et de cette administration nouvelle, non pas l'état de la France en 1814, mais en 1830, voilà le devoir des hommes d'État qui ne se règlent pas d'après un système de théorie contemplative, mais qui observent les faits et étudient la situation morale d'une nation.

Or il m'est impossible de ne pas voir dans la déclaration peu prudente de M. le ministre de l'intérieur, sur l'application arbitraire de l'art. 291, le même cercle vicieux que celui dans lequel nous avons tourné sous la restauration, et je demande si une semblable déclaration faite à cette époque, ou par M. Pasquier, ou par M. Molé, ou par M. le baron Louis, n'eût pas excité un violent orage dans tout le côté gauche de la chambre.

Il m'est impossible de ne pas voir, et dans les projets de loi de M. le ministre des finances, et dans l'exposé de ses motifs, l'intention de retomber dans la même fiscalité; car je crois que lui-même ne tient pas beaucoup à un projet qui paralyserait tous les transports du commerce, et augmenterait encore le mauvais état de nos routes.

Napoléon a dit qu'il avait été toujours commandé par les événements : les ministres peuvent sans honte voir leurs principes céder aux faits ; et puissions-nous voir cesser bientôt dans le conseil l'influence doctrinaire qui le domine!

Qu'est-ce donc que les doctrinaires? Je vais tâcher de l'expliquer à ceux qui l'ont oublié ; car nous avons le bonheur en France de manquer de mémoire, avantage inappréciable pour beaucoup de gens. Les doctrinaires ne forment pas un parti, puisque quelques hommes ne peuvent constituer un parti ; c'est une société, ou, si l'on veut, une coterie de quelques personnes qui ont des doctrines arrêtées, des idées fixes en administration, en histoire, en politique ; leur horizon est toujours le même. Hors du cercle de leur vue, de leurs relations, de leur savoir, il n'y a plus que chaos, incapacité, ignorance. N'a-t-on pas vu toutefois un doctrinaire nous séparer encore sous la restauration en deux races de Francs et de Gaulois? Espérons qu'aujourd'hui il nous connaît mieux, et qu'il n'aperçoit plus qu'une race de Francs. Les doctrinaires ont de l'esprit, beaucoup d'esprit ; ils parlent bien, fort bien; leurs dissertations pleines de mots sont admirables; mais ils sont hommes de spéculation et de théorie plus que de mouvement et d'action; élégants professeurs, ils demeurent administrateurs inhabiles. Assis en 1819 sur le canapé ministériel, ils triomphèrent dans les salons, mais échouèrent à la tribune. Leur langage a quelque chose de mystique comme celui d'une secte politique ou religieuse; leurs idées et leurs expressions ne sont pas facilement saisies par tout le monde, et ils ont le talent de persuader leur supériorité d'intelligence à leurs auditeurs de bon sens, alors que ceux-ci ont la bonhomie de ne pas les comprendre. Aujourd'hui ils nous démontrent que des nains sont plus grands que des géants, que leur faiblesse de complexion est préférable à notre bon tempérament; et en conséquence la France repentante de sa vigueur, mortifiée de s'être retrempée au feu de la révolution, doit se constituer malade et se mettre au régime.

Des Chambres.

La France avait envoyé ses députés combattre le despotisme stupide qu'on voulait lui imposer : à peine une fraction de quarante à cinquante d'entre eux était arrivée dans la capitale, que déjà le pouvoir absolu avait engagé le combat les armes à la main. Cette avant-garde précieuse des mandataires de la France, comprenant la pensée nationale exprimée à travers le fer et le feu, forma un utile centre de délibérations pendant que le peuple conquérait la liberté les armes à la main. Traversant les barricades, respirant la fumée du combat, entendant les feux des bataillons, ces députés admirèrent ce géant aux mille bras, ce peuple qui marchait à la victoire en développant une élévation de sentiment, une hauteur de raison qui surpassait le cercle de nos idées rétrécies. Ils purent comprendre alors, par les faits, la différence de nos deux révolutions, et les institutions qui convenaient aujourd'hui à un peuple si éclairé.

Bientôt arrivèrent d'autres députés, qui, se joignant aux premiers, sentirent que le premier besoin de la France était celui d'un chef lorsque le trône était renversé. Tous les États ont reconnu la loi de la nécessité : cette suprême loi, source de la révolution de juillet, fut aussi celle de la monarchie nouvelle élevée sur les pavois du peuple; et tous les raisonnements politiques, comme toutes les phrases sentimentales, viendront se briser contre les tables d'airain de la nécessité.

La France a sanctionné la décision des chambres qui a coupé dans sa racine la théorie de la prérogative souveraine de droit divin, en rompant la ligne de la succession. L'intérêt commun du peuple et du roi à la conservation du pacte juré devient le nœud le plus fort pour lier les différentes parties de la constitution; car le roi ne peut résister aux factions que par les armes que la liberté met entre ses mains, et le peuple ne peut avoir de force qu'en formant un faisceau autour de son chef. Ainsi les tentatives des factieux, quels qu'ils fussent aujourd'hui, seraient les moyens par lesquels s'affermirait notre liberté : l'histoire est là pour apprendre à tous qu'après la chute des Stuarts, l'affermissement du trône de Guillaume, en même temps que de la liberté anglaise, fut dû aux tentatives des jacobites.

Les circonstances de la révolution qui avaient précédé la décision de la Chambre, celles qui l'accompagnèrent, révélaient à la Chambre la haine nationale pour plusieurs institutions de la restauration. La Chambre en réforma quelques-unes. Elle laissa subsister l'organisation judiciaire de Charles X, qui aujourd'hui crée des embarras au gouvernement de Philippe. Chaque jour révèle le besoin que la justice a du respect des citoyens; mais s'il est fâcheux que la révolution soit mise aux prises avec la magistrature, il n'est pas moins singulier que M. le ministre de l'intérieur, en adressant en quelque sorte une mercuriale aux magistrats insultés, établisse sa doctrine de l'arbitraire application de la loi; la séance du 4 octobre à la Chambre des députés en fait foi.

A mesure que la Chambre a augmenté de nombre et s'est éloignée davantage de l'époque de la révolution, elle a moins compris ce principe de politique, que tous les pouvoirs doivent être en harmonie avec la révolution qui les a produits; qu'un esprit tout différent de l'esprit de la restauration et tout conforme à celui de la révolution de juillet, doit animer toutes les parties du gouvernement; la Chambre s'est trouvée dans une fausse position vis-à-vis du ministère et de la nation.

Assurément nous pensons qu'elle a voulu conserver son indépendance ; mais la désignation de la plus grande partie des choix que l'administration actuelle a accueillis a mis la Chambre dans la position de considérer comme ennemis ceux qui blâmaient ces choix, et comme amis ceux qui les défendaient.

L'irrésolution du ministère a rendu sa position encore plus fausse à l'égard de la France. On ne peut nier que la Chambre envoyée par ses mandants pour combattre le ministère Polignac ne se trouvât, en arrivant à Paris, hors du cercle de son mandat. La nécessité, la loi de la nécessité étendit, dans l'intérêt de la France, ses pouvoirs au besoin le plus pressant et imprévu, à celui d'un chef et d'une constitution, et la France a sanctionné le choix du chef et la constitution nouvelle; mais ces premiers besoins, ces intérêts indispensables du pays satisfaits, la Chambre, réduite, par des démissions et des promotions à des fonctions nouvelles, de plus d'un quart, composée et élue par des lois abrogées par elle-même, exposée à voir son mandat pour l'avenir contesté, ne devait plus dans cette position que voter une loi transitoire qui l'aurait recomposée en entier d'une manière homogène, et qui aurait laissé aux nouveaux élus de la France, dont elle pouvait faire partie, le soin de rédiger une loi électorale définitive.

Après bien des irrésolutions, le ministère s'est arrêté à un parti mixte qui a laissé la Chambre dans cette fausse position, sans rien concilier. En vain M. le ministre de l'intérieur prétend, dans ses circulaires, que l'épreuve de sa loi transitoire indiquera sur quelles bases on doit établir le cens des électeurs et des éligibles à venir; il ne peut changer la bigarrure de la composition de la Chambre, qui aura quatre classes de députés. Dans les affaires il y a des inconvénients à tout; mais il faut choisir une porte pour en sortir, et le ministère ne l'a pas encore prise cette fois.

La Chambre et le ministère sont donc restés dans la position d'une armée qui attend ses renforts, et qui n'ose rien entreprendre : ainsi deux mois précieux se sont écoulés sans rien faire d'important, et cependant la conservation de la Chambre n'avait pour motif que l'urgence.

De fausses positions en politique sont funestes pour tout le monde. La Chambre, laissée dans cette situation par un ministère qui délibère sans cesse et n'agit jamais; la Chambre, exposée à être attaquée si elle faisait quelque loi, et harcelée si elle n'en faisait pas, a pris de l'humeur contre ceux qui critiquaient sa position, et a entraîné le ministère, auteur du mal, à prendre sa défense.

D'un autre côté, tous ceux qui ont concouru puissamment au succès de la révolution, dans la Chambre et hors de la Chambre, voyant l'inaction du ministère et celle de la Chambre, regrettant chaque instant perdu inutilement pour la satisfaction des besoins qui ont été la cause de ce grand événement, ont été entraînés aux hostilités contre la majorité de la Chambre et contre le ministère. Cette fausse position, créée pour tout le monde par la faute d'une administration imprévoyante, a amené l'union du ministère et de la majorité de la Chambre, et les représailles de leur part contre leurs adversaires.

Une réunion jusqu'alors ignorée a pris un caractère plus prononcé contre cette alliance; et, par une nouvelle faute, le ministère, pour sa défense personnelle comme pour celle de la majorité de la Chambre, a semé l'alarme dans un moment où tous les esprits éprouvaient déjà du malaise, de la défiance. Cette alarme a augmenté la peur, la peur a augmenté le malaise. Une affaire de police est devenue une affaire d'état; et si l'inhabileté de certaines mesures n'était révélée à chaque instant, on croirait que cette tardive explosion a été un silence calculé, lorsque quelques jours après on voit l'hilarité des ministres et de la Chambre sur la peur inspirée par ces jeunes enthousiastes, hilarité qui ressemble à une mystification faite à la France. Mais le défaut de prévoyance qui a accompagné la publication de la levée de cent mille hommes, au moment où la reconnaissance de la Prusse était officielle, où les chances de la guerre paraissaient éloignées, imprévoyance qui a causé une nouvelle peur, a montré que le ministère sommeillait quelquefois.

Placée dans cette fâcheuse situation, la Chambre s'est trouvée divisée comme sous la restauration en côté gauche, centre gauche, centre droit, côté droit. Cette distribution des membres de la Chambre groupés en nombres différents, mais dans les mêmes cadres qu'avant la révolution, a peut-être contribué plus qu'on ne pense à donner l'opinion aux centres que la raison et la modération étaient dans le milieu; et cette malheureuse habitude du passé, cette aversion pour le mouvement nécessaire après une révolution, mais naturelle à tous les centres, ont reparu avec les mêmes caractères que sous la restauration; aussi l'on a vu plus d'une fois les mêmes cris, les mêmes emportements que ceux que naguère on entendait contre les tirades d'éloquence du côté gauche assaisonnées de protestations de dévouement pour l'auguste auteur de la Charte.

Nous avons tous bien de la peine à nous défaire de nos préjugés, à sortir de la vieille ornière pour entrer dans une route nouvelle. Cependant nous avons de grands exemples sous les yeux : une grande secousse a dû nous tirer de la routine d'un temps passé. Devant nous le peuple a été héroïque, et sans faste, sans vanité, animé du pur amour de la patrie; le lendemain de la victoire il a quitté le mousquet et l'épée pour le marteau et la truelle : au-dessus de nous, le roi ne veut pas que la royauté ait un rôle à jouer; il veut agir, parler, comme un grand citoyen, comme chef d'une grande nation; et ses paroles nous apprennent qu'aujourd'hui le bon sens est la science des hommes d'État. Comment se fait-il donc qu'en présence de ces grandes leçons la vanité aille se cramponner à la tribune? En vain un honorable député, persuadé que l'utilité publique doit prendre la place de l'ambition particulière, que les personnes doivent s'effacer pour faire place aux choses, renouvelle la proposition de proscrire les discours écrits; la Chambre, à une majorité ressemblant à l'unanimité, conserve l'antique abus de ces dissertations éternelles, où la discussion ne fait jamais un pas, où les discours succèdent aux discours sans profit pour personne, et au grand dommage du pays dont les affaires n'avancent jamais. Quand donc voudra-t-on se défaire de cette vieille manie de briller à jour fixe, de jouer un rôle? Quand donc se persuadera-t-on que le bon sens apporté en commun pour l'utilité publique fait la force des discussions; que personne n'a autant d'esprit que tout le monde, et que beaucoup d'hommes éclairés et sans prétention viendraient apporter le tribut de leurs lumières et de leur expérience dans une discussion conduite avec des formes simples, et qui s'enrichirait d'idées plus que de mots?

C'est dans les comités que les affaires s'éclaircissent en Angleterre; elles viennent recevoir la dernière main dans les discussions publiques, mais elles y viennent presque tout élaborées. Que se passe-t-il chez nous? Je l'ai bien lu et relu dans tous les journaux, mais j'oserais à peine en croire mes yeux si l'adhésion entière de la Chambre n'avait consacré la véridique déclaration d'un député connu pour sa franchise. Quoi! il est bien vrai que les députés réunis dans les comités se gardent bien de développer leurs pensées sur les projets de lois en délibération, dans la crainte de voir ces idées figurer dans les discours de leurs collègues, et les parer comme les plumes du paon! Quoi! il y aurait une si grande pauvreté d'idées en France, que les voleurs seraient aux aguets dans les bureaux de la Chambre! Quoi! toujours penser à sa vanité et jamais au public! Qu'il soit passé le temps où la France n'envoyait des députés que pour solliciter dans l'intérêt de leurs personnes, de leurs familles, de leurs amis, en même temps qu'ils conservaient en porte-feuille, à côté de leurs lettres de change, de superbes discours jusqu'au moment où l'échéance fixe du tour à la tribune les emportait au *Moniteur* et à la postérité. Et combien d'hommes de talent ne subissent pas la peine de cette manie de briller! La France aujourd'hui sait apprécier tous les charlatanismes; sans s'éclipser, il faut s'effacer, et la réforme ne doit pas se borner sur la personne du député au frac, en place de l'habit brodé, elle doit s'étendre aux faiblesses de l'homme et aux abus des choses.

La Chambre a retrouvé son unanimité, lorsque l'accusation du ministère qui voulait nous condamner à la servitude a été portée devant elle; et dans ces mémorables séances où la

Chambre a suivi le sentiment de la justice et non celui de la vengeance, elle a montré que, quelque différentes que pussent être les opinions de ses membres sur la direction de la France nouvelle, elle se rallierait tout entière contre les tentatives des partisans d'un pouvoir déchu pour jamais. Aujourd'hui on se demande pourquoi, dans un intérêt particulier, elle a voulu, à la veille de se séparer, préjuger à la hâte une des plus graves questions de l'ordre social : l'avenir nous l'apprendra.

La Chambre des pairs est chargée de prononcer l'arrêt au nom de la France; nous l'attendons avec confiance, persuadés qu'elle a compris toute la grandeur de la justice qu'elle doit rendre. La Chambre des pairs, dégagée de l'alliage qui avait compromis son existence et détruit son utile contre-poids dans la balance des pouvoirs, ranimée à la vie politique par la publicité, a développé déjà le germe d'activité qu'elle recélait pour l'utilité publique. L'abolition de la loi du sacrilége, l'adoption du jury pour les délits de la presse, ont indiqué la marche nouvelle qu'elle voulait suivre. Mais l'irrésolution du ministère, la fausse position dans laquelle l'autre Chambre est placée, paralysent ces nobles efforts. Semblable au satellite que la planète entraîne dans son orbite, la Chambre des pairs tourne lentement dans l'espace étroit qui lui est laissé; et la question de l'hérédité suspendue sur sa tête, comme l'épée de Damoclès, jette une teinte terne et décolorée sur les traits les plus réguliers de sa physionomie.

La situation intérieure de la France et sa position à l'égard de l'Europe marquent cependant au ministère la marche nouvelle qu'il doit tenir en même temps qu'elles lui facilitent le chemin. Habitués à souffrir depuis longtemps, les départements souffrent encore, et font à peine entendre leurs plaintes, accoutumés qu'ils sont à leurs maux : mais cette longue patience a son terme comme l'attente : partout un malaise général existe : la source en remonte aux attaques sourdes d'abord, puis ouvertes de la restauration contre la civilisation, contre l'industrie et le commerce; et c'est vainement que les organes du parti vaincu veulent nous tromper sur la date et l'époque, en reculant l'origine de ce malaise à notre glorieuse révolution. Charles X, en ébranlant tous les trônes de l'Europe par une aveugle obstination, comme tous les rois le proclament, a comblé, le 25 juillet, la mesure des maux que son fatal ministère faisait peser sur la France. La victoire du 29 juillet, conquise les armes à la main par le commerce et l'industrie au désespoir, révèlent assez que pour cette nombreuse classe de Français, comme pour toutes les autres, c'était la vie ou la mort. Le combat est terminé, mais les blessures restent; et le commerce, frappé depuis long-temps par le fatal ministère, ne reproche pas plus ses plaies à la révolution, que nos braves mutilés par la mitraille ne les reprochent à la liberté. C'est à une main habile à guérir ces blessures. Jamais le sentiment de l'ordre, au sortir d'une révolution aussi immense, ne fut porté à un degré aussi favorable pour la marche régulière d'un gouvernement réparateur. Le sentiment de la modération, de la justice, l'accompagne partout. Le convoi funèbre de la royauté absolue a passé lentement à travers nos provinces, sans insultes ni sans regrets : la fidélité d'une jeunesse brave et dévouée, et de quelques-uns de ses chefs, a été estimée en même temps que l'abandon des courtisans a été condamné : la garde a été plainte, et dans tous les cœurs il n'est resté que le regret d'avoir versé du sang français. Après cette furieuse tempête qui a bouleversé la capitale, qu'y a-t-il de plus glorieux pour un peuple que cette voix de la commission municipale s'écriant : Que celui qui a été persécuté se montre et se plaigne? Le clergé est respecté partout où il veut se concilier le respect : jamais la raison ne porta plus loin la tolérance pour l'intolérance de quelques prêtres égarés : et lors même qu'ils refusent à César ce qui est à César, lors même qu'ils méconnaissent tous les principes de l'Évangile, on leur donne l'exemple de la charité.

Et quels désordres peut-on craindre aujourd'hui chez une nation que le sentiment de l'ordre dirige à chaque instant, et qui elle-même, avant que des lois encore attendues n'aient paru, a su organiser cette force militaire et citoyenne qui plaît à tous, parce qu'elle est toujours protectrice, jamais oppressive, et qu'elle partage avec l'armée et ses fatigues, et ses armes, et ses couleurs? Ce sont les citoyens eux-mêmes qui ont compris leur intérêt inséparable aujourd'hui de celui du pays, qui ont su former cette association armée de deux millions d'hommes contre toutes les factions qui troubleraient la tranquillité de la France. C'est au milieu de cette association spontanée que la force du gouvernement s'est réfugiée comme dans un fort inexpugnable à défaut de mains habiles pour la rédiger.

Y a-t-il eu un seul moment depuis le 30 juillet où l'on puisse dire que la tranquillité ait été troublée dans la capitale? n'est-il pas étonnant qu'après un mouvement aussi violent il ne soit pas resté plus d'agitation? On a vu les classes ouvrières conduites par un désir vague d'améliorer leur bien-être, mais guidées encore par les vieilles idées, par les préjugés des corporations, marcher sous les bannières de la Liberté vers le privilége qu'elles réclamaient : mais le bon sens, la raison n'ont-ils pas été entendus par ces ouvriers? n'était-ce pas l'occasion de s'occuper des moyens d'augmenter le bien-être des classes ouvrières, d'étendre à tous cette éducation qui a déjà porté ses fruits? pourquoi l'active prévoyance de Larochefoucault n'inspire-t-elle pas encore quelques grandes idées à nos hommes d'État? Sans sortir un denier des caisses de l'État, comment n'ont-ils pas encore pensé à une loi qui autoriserait l'entreprise particulière de routes à péages, qui créerait partout des travaux, la circulation des capitaux et des échanges, et la prospérité de l'agriculture? N'y aura-t-il jamais de révolution pour nos ornières?

On a vu quelques jeunes gens se réunir en société populaire; et l'idée seule du souvenir des clubs de la révolution de 89 a tué en naissant cette faible imitation d'un temps qui est encore plus opposé à nos idées qu'éloigné de notre souvenir. L'opinion générale en cette circonstance doit nous montrer le point où nous sommes arrivés, la différence des époques, des hommes et des choses; et si le souvenir nous rappelle comme un objet d'effroi le temps qui a fui derrière nous, la réflexion doit nous montrer le présent assuré par la crainte même du retour au passé. Aujourd'hui tout le monde a compris que les théories, les déclarations de droits, les préambules et les rêves des utopies, restaient bien loin derrière nous sans utilité pour nos besoins, qui veulent du positif, et le fond plus que la forme. L'histoire de la république une et indivisible est de l'histoire ancienne comme celle des républiques de Rome ou de Grèce; et les modernes imitateurs de ces temps passés auraient le ridicule des voltigeurs de la restauration. Soyons justes toutefois : distinguons les bons sentiments d'une erreur qui a fait plus de mal à la véritable liberté qu'elle ne pouvait nous entraîner loin d'elle. N'a-t-on pas vu cette brave jeunesse qui avait prodigué son sang avec ardeur dans les trois journées, faire abnégation de ses idées comme elle l'avait fait de sa personne. Plus éclairée aujourd'hui, elle reconnaît qu'il faut marcher avec les masses en suivant le mouvement du siècle, et que si on doit éclairer la route du corps d'armée, on ne doit pas s'en écarter.

Si l'opinion commence à se rassurer sur cet

effroi passager, si la raison se fait jour partout, elle commence aussi à faire justice de tous les vieux systèmes à la trame usée de finesse politique; entretenir le malaise d'une nation par de fausses alarmes, abuser de sa raison pour la frapper de craintes paniques, et dans ce trouble, dans cet état de terreur morale, lui mettre les armes à la main contre ses amis, serait un moyen politique qui tournerait bientôt avec une effrayante rapidité de réaction contre ses auteurs. Nous ne sommes pas des enfants qui, conduits au spectacle nouveau de la fantasmagorie sans connaître les effets de l'optique, s'effraient des images lugubres et deviennent la risée d'un malin précepteur. Le fantôme de la sainte alliance comme le fantôme de 93, ne sortiront pas de leur tombeau; la révolution de 1830 l'a fermé.

Lève donc, noble France, lève ton front radieux! loin de toi le nuage passager qui l'obscurcissait! armée comme Minerve, sage comme elle, marche d'un pas fier et sûr à la tête des nations qui se pressent autour de toi; tes maux étaient les leurs, ta gloire les ranime, elles te tendent la main comme gages de leur foi, et ces gages sont plus certains encore que les promesses de leurs chefs; le même jour fit leur malheur comme le tien; les mêmes traités courbèrent leur tête comme la tienne ; leur patience à souffrir des gouvernements opposés à leurs besoins, leurs intérêts, leurs mœurs, s'est mesurée sur ta patience. A ton signe tout s'est ébranlé : en voyant flotter ton drapeau glorieux, chacun a déployé sa bannière nationale ; et ces peuples dont les congrès avaient compté, calculé les âmes pour les donner ou les vendre, ont su retrouver ces âmes avec ta liberté. A tes côtés, frémissante encore d'indignation, la Belgique se relève fière et libre du joug hollandais ; qui voudrait l'empêcher d'être libre? qui voudrait faire peser encore sur elle le poids de son intervention, quand ton cœur maternel le défend? La Prusse entend déjà les cris confus de tous ces peuples impatients de son joug, et l'écho de ces voix discordantes, prolongé sur la ligne de son long empire, a retenti jusque dans sa capitale. L'Allemagne coupée, morcelée par une politique impitoyable, s'agite pour rapprocher tous ses membres épars; et la liberté germanique se relève sur les vieux débris des traités inhumains. L'Italie s'ébranle, depuis les Alpes jusqu'au pied du Vésuve, qui lance déjà des torrents de fumée, et dont l'Autriche entend déjà les sourds mugissements. L'Espagne, le Portugal s'apprêtent à l'orage terrible qui du sommet des Pyrénées descend lentement et va fondre sur ces belles contrées. A l'autre bout de l'Europe, la Russie observe et attend; et de l'autre côté du détroit, l'Angleterre, déposant enfin ses vieux préjugés, parée de tes couleurs, veut fêter ton indépendance et resserrer les liens d'une paix glorieuse. Continue donc, noble France, à marcher d'un pas ferme et sûr avec ton roi, et donne enfin à tes nombreux enfants, refoulés dans l'étroit espace qui les resserre, fatigués d'une halte trop longue, le signal du départ vers l'avenir immense qui leur est ouvert dans la carrière de la civilisation.

FIN.

www.ingramcontent.com/pod-product-compliance
Lightning Source LLC
LaVergne TN
LVHW010057230826
846091LV00005B/1975

* 9 7 8 2 0 1 2 4 6 3 2 1 9 *